3 KEINE CHANCE FÜR SCHLECHTE KOHLEN-HYDRATE

Echter Verzicht ist lediglich bei isoliertem Zucker und Produkten aus stark verarbeitetem Weißmehl wie helles Brot und herkömmliche Teigwaren geboten.

Denn der darin enthaltene Zucker bzw. die Stärke werden vom Körper blitzschnell verwertet – der Blutzucker- und Insulinspiegel schnellen in die Höhe und man ist lediglich kurzfristig satt und zufrieden.

Anders bei Vollkornprodukten (Mehl, Grieß, Haferflocken, Nudeln, Reis) und Hülsenfrüchten wie Kichererbsen, Linsen und Bohnen, die mit ihren Ballaststoffen konstant satt halten, den Darm beschäftigen und damit Heißhungerattacken vermeiden.

4 WAS SONST NOCH AUF DEN TELLER SOLL UND DARF

Nüsse, Kerne und Samen bereichern mit gesunden Fettsäuren und Vitaminen den Speiseplan, genauso wie Gemüse und Obst, die mit Pflanzenfasern den Darm auf Trab halten und den Blutzuckerspiegel nicht zu rasch ansteigen lassen.

LOW CARB

—EXPRESS—

DIE BESTEN REZEPTE

E = EINFACH

Wenige Zutaten, die nicht zu teuer und möglichst nicht zu ausgefallen sind. Einfache, übersichtliche und vor allem verständliche Rezepte.

A = ANFÄNGER

Die Rezepte sind technisch nicht zu anspruchsvoll und sind somit auch für Anfänger geeignet. Viele Anregungen inspirieren jedoch auch den schon erfahrenen Koch.

S = SCHNELL

Alltagstaugliche Rezepte, die auch ohne viel Zeitaufwand und Stress schnell zu meistern sind. Ganz nach dem Motto: Schnell zum Genuss.

Y = YUMMY

Gute Mischung aus Klassikern und Trendthemen. Raffinierte, aber trotzdem unkomplizierte Rezepte, die einfach schmecken.

 **ZUBEREITUNGSZEIT:** Wie viel Zeit Sie fürs Vorbereiten, Schnibbeln oder Rühren benötigen, verbirgt sich hinter diesem Symbol.

 **GAR- UND WARTEZEIT:** Die kleine Stoppuhr verrät Ihnen, wie lange das Gericht kocht, schmort oder in den Ofen muss.

♥ **Besonders lecker**

💡 **Einfach clever**

⭐ **Unser Tipp**

🔁 **Unsere Variante**

INHALT

ALLES GANZ EASY

Ganz fix Low Carb gekocht

Wenig Kohlenhydrate zu sich zu nehmen – dafür steht „Low Carb". Mehr als nur ein Abnehmkonzept bietet diese Art der Ernährung: schnelle Rezepte für jeden Tag, die ganz ohne Zucker, Weißmehl und stark verarbeitete Produkte auskommen.

Für jede schnelle Küche gilt auch für Low Carb Express, dass Organisation das A und O ist. Wer Einkaufslisten schreibt und schon im Voraus weiß, was er kocht, spart Zeit und unnötigen Stress.

Alle Rezepte sind einfach nachzukochen und kommen mit relativ wenigen Zutaten aus. So ist alles ruckzuck aufgetischt.

Achtung: Dieses Buch ist explizit kein Diätbuch!
Es bietet lediglich Anregungen für Rezepte mit geringem Kohlenhydratgehalt. Grundsätzlich wird in diesem Buch ein Anteil von max. 25 % Kohlenhydraten der gesamten Kalorienmenge einer Mahlzeit/Person als Low Carb bezeichnet. Jedes Rezept ist mit den einzelnen Nährwertangaben ausgestattet, sodass Sie einen guten Gesamtüberblick erhalten.

Süßer Genuss

Wenn man etwas Süßes essen möchte, greift man zu Schokolade, Kuchen und Co. Leider befindet sich auch in scheinbar zuckerfreien Lebensmitteln Zucker: In Ketchup, Fertigprodukten, Getränken und vielen anderen Lebensmitteln werden Zucker und Geschmacksverstärker verwendet.

Bei einem zu viel an Zucker geht der Blutzuckerspiegel rasant in die Höhe, um kurze Zeit später wieder in den Keller zu sacken. Das Ergebnis: Heißhunger, den man meist mit Snacks stillt, die wiederum süß sind.

Eine gute Alternative zum Süßen sind daher natürliche Süßungsmittel wie Honig, Ahornsirup, Reissirup oder Kokosblütenzucker. Auch Gewürze, Obst und getrocknete Früchte eignen sich gut zum Verfeinern und Aromatisieren.

Aber auch die natürlichen Süßungsmittel sollten nur in Maßen verwendet werden, da auch sie nicht vor dem Zunehmen schützen. Zuckeraustauschstoffe wie Birkenzucker, Stevia oder Erythrit können daher ebenfalls eine gute Möglichkeit sein, Industriezucker zu ersetzen.

VON NATUR AUS
KOHLENHYDRATARM UND SUPERLECKER

Fleisch, Fisch, Milchprodukte & Eier
Diese Lebensmittel sind reich an Eiweiß. In Kombination mit Gemüse und Salat sind sie das ideale Low-Carb-Essen und versorgen den Körper mit den notwendigen Nährstoffen.

Öle & Nüsse
Öle und Nüsse sind in der Low-Carb-Ernährung essentiell, da sie den Körper mit gesunden Fetten versorgen. Öle sind pures Fett und deshalb vollkommen kohlenhydratarm.

Früchte
Auf Obst sollten Sie trotz des teilweise hohen Zuckergehalts nicht verzichten, da es wichtige Nährstoffe enthält. Besonders kohlenhydratarme Sorten sind Rote Johannisbeeren, Himbeeren, Heidelbeeren, Erdbeeren, Preiselbee-

ren, Guave, Papaya, Holunderbeeren, Brombeeren und Stachelbeeren. Einen hohen Anteil an Kohlenhydraten haben dagegen Bananen, Litschis, Granatäpfel, Kakis, Weintrauben, Mirabellen, Kumquats, Süßkirschen, Feigen und Mango.

Gemüse & Salat
Ohne Gemüse oder Salat geht in der Low-Carb-Küche gar nichts. Als Beilage oder Hauptzutat ersetzen sie in Gerichten gern herkömmliche Nudeln, Reis, Kartoffeln und Co. Das sorgt zudem für eine geschmackliche Abwechselung. Ein weiteres großes Plus: Gemüse und Salat haben eine geringe Nährstoffdichte, d.h. man kann richtig viel davon essen, wird satt und erhält zudem Vitamine, Mineralstoffe und Spurenelemente.

VORSPEISEN

ROHKOSTSALAT
MIT PINIENKERNEN

ZUBEREITUNG
20 – 25 MIN.

01. Den Schmand mit Olivenöl, Essig, Honig und Senf verrühren und mit Salz und Pfeffer kräftig würzen.

02. Die Paprikaschote längs halbieren, entkernen, waschen und in kleine Würfel schneiden. Die Cocktailtomaten waschen und halbieren. Die Pinienkerne in einer Pfanne ohne Fett anrösten. Den Brokkoli waschen, abtropfen lassen und in Stücke schneiden. Den Apfel waschen, vierteln, entkernen und in Spalten schneiden.

03. Paprika, Cocktailtomaten, Brokkoli und Apfel in eine Schüssel geben. Das Dressing darübergeben, alles mischen, auf Teller verteilen und mit Pinienkernen bestreut servieren.

ZUTATEN
FÜR 4 PERSONEN

+ **2 EL Schmand**
+ **1 EL Olivenöl**
+ **2 EL Weißweinessig**
+ **1 TL flüssiger Honig**
+ **2 TL scharfer Senf**
+ **Salz • Pfeffer aus der Mühle**
+ **1 rote Paprikaschote**
+ **100 g Cocktailtomaten**
+ **40 g Pinienkerne**
+ **300 g Brokkoliröschen**
+ **1 großer Apfel**

NÄHRWERTE PRO PORTION
Eiweiß: 6 g • Fett: 11 g
Kohlenhydrate: 14 g
Brennwert: 195 kcal

ZUCCHINISALAT
MIT TOMATEN UND PESTO

ZUBEREITUNG
15 MIN.

01. Die Zucchini putzen, waschen und gut trocken tupfen. Dann entweder mit einem Spiralschneider zu „Spaghetti" oder mit einem Sparschäler in schmale „Tagliatelle" schneiden.

02. Den Mozzarella abtropfen lassen und die Kugeln halbieren. Die Tomaten waschen und vierteln. Den Joghurt mit dem Pesto glatt rühren. Das Dressing mit Zitronensaft, Salz und Pfeffer abschmecken. Das Basilikum waschen, trocken schütteln und die Blätter abzupfen.

03. Zucchini-„Nudeln", Mozzarella, Tomaten und Basilikum auf Tellern anrichten. Das Dressing über den Salat geben. Alles bis zum Verzehr kühl stellen.

💡 *Bereiten Sie gleich die doppelte Menge Dressing zu. Mit ein paar Gemüsesticks zum Dippen der perfekte Low-Carb-Snack.*

ZUTATEN
FÜR 2 PERSONEN

+ **2 Zucchini (à 200 g)**
+ **150 g Mini-Mozzarella**
+ **60 g Cocktailtomaten**
+ **50 g Naturjoghurt**
+ **2 TL Basilikumpesto (Glas)**
+ **2 Spritzer Zitronensaft**
+ **Salz • Pfeffer aus der Mühle**
+ **2 Stiele Basilikum**

NÄHRWERTE PRO PORTION
Eiweiß: 19 g • Fett: 19 g
Kohlenhydrate: 8 g
Brennwert: 275 kcal

FELDSALAT
MIT AVOCADO

ZUBEREITUNG
🍴 25 MIN.

01. Für das Dressing Essig, Senf, Honig und 1 EL Öl verrühren. Mit Salz und Pfeffer abschmecken.

02. Die Avocado halbieren, den Stein entfernen, das Fruchtfleisch schälen und die Hälften der Länge nach in jeweils 4 Spalten schneiden. Die Schinkenscheiben längs halbieren und um die Avocadospalten wickeln. Die Eier knapp 6 Minuten wachsweich kochen.

03. Inzwischen den Feldsalat waschen, verlesen und trocken schleudern. Die Kürbiskerne in einer beschichteten Pfanne anrösten, bis sie duften und anfangen zu knacken. Sofort herausnehmen. Die Eier vom Herd nehmen und in kaltem Wasser abschrecken.

04. In einer Pfanne das übrige Öl erhitzen und die Avocadospalten darin kurz rundum anbraten, bis der Schinken leicht gebräunt ist. Vom Herd nehmen.

05. Den Salat mit dem Dressing mischen und auf zwei Teller verteilen. Die Eier pellen, halbieren und darauf anrichten. Die Avocadospalten ebenfalls auf dem Salat anrichten. Etwas Pfeffer grob darübermahlen und die Kürbiskerne darüberstreuen. Dazu passt Vollkornbrot.

ZUTATEN
FÜR 2 PERSONEN

+ **2 EL Balsamico bianco**
+ **1 EL Dijon-Senf**
+ **2 TL Honig**
+ **1½ EL Rapsöl**
+ **Salz • Pfeffer aus der Mühle**
+ **1 Avocado**
+ **4 Scheiben roher, luftgetrockneter Schinken**
+ **3 Eier (Größe L)**
+ **80 g Feldsalat**
+ **2 EL Kürbiskerne**

NÄHRWERTE PRO PORTION
Eiweiß: 26 g • Fett: 39 g
Kohlenhydrate: 11 g
Brennwert: 241 kcal

🔁 *Sehr lecker schmeckt der Salat auch, wenn man anstatt des Feldsalates und den Kürbiskernen Friséesalat und Walnüsse nimmt.*

BUNTER SALAT
MIT SESAMHÄHNCHEN

ZUBEREITUNG
30 MIN.

01. Den Brokkoli in Röschen teilen und waschen. In einem Topf mit Dämpfeinsatz über kochendem Wasser 4 Minuten bissfest dämpfen. Dann in ein Sieb abgießen, kalt abschrecken und abtropfen lassen.

02. Die Möhren putzen, schälen und mit dem Spiralschneider in lange „Nudeln" schneiden. Frühlingszwiebeln putzen, waschen und schräg in Ringe schneiden. Die Radieschen putzen, waschen und in feine Scheiben schneiden. Die Salatblätter waschen und trocken schleudern.

03. Für das Dressing den Ingwer schälen und fein würfeln. Mit Honig, Essig, Orangensaft und Sesamöl fein pürieren und mit Salz und Pfeffer abschmecken. Die vorbereiteten Zutaten mit dem Dressing mischen und beiseitestellen.

04. Die Hähnchenbrustfilets unter fließendem kaltem Wasser waschen und mit Küchenpapier trocken tupfen. In Streifen schneiden, mit Srirachasauce mischen und mit Salz und Pfeffer würzen. Die Eiweiße in einem tiefen Teller verquirlen. Den Sesam auf einen zweiten Teller geben.

05. Das Öl in einer beschichteten Pfanne erhitzen. Die Hähnchenstreifen in zwei Portionen nacheinander erst durch das Eiweiß ziehen und dann im Sesam wenden. In der Pfanne bei mittlerer Hitze rundum goldbraun braten und auf Küchenpapier entfetten. Den Salat auf zwei Teller verteilen und die Hähnchenstreifen darauf anrichten.

ZUTATEN
FÜR 2 PERSONEN

+ **200 g Brokkoli**
+ **200 g Möhren**
+ **2 Frühlingszwiebeln**
+ **4 Radieschen**
+ **1 Handvoll Salatmix (küchenfertig)**
+ **20 g Ingwer**
+ **1 EL Honig**
+ **2 ½ EL Balsamico bianco**
+ **2 EL Orangensaft**
+ **2 TL geröstetes Sesamöl**
+ **Salz • Pfeffer aus der Mühle**
+ **300 g Hähnchenbrustfilets**
+ **2 TL Srirachasauce**
+ **2 Eiweiß (Größe L)**
+ **4−5 EL helle Sesamsamen**
+ **2 EL Öl**

NÄHRWERTE PRO PORTION
Eiweiß: 50 g • Fett: 28 g
Kohlenhydrate: 20 g
Brennwert: 555 kcal

ROTE-BETE-SALAT
MIT RÄUCHERFORELLE

ZUBEREITUNG
20 MIN.

01. Für die Apfelvinaigrette den Apfel waschen, vierteln und das Kerngehäuse entfernen. Die Apfelviertel in sehr feine Würfel schneiden und mit Öl, Essig, 1 Prise Zucker, Salz und Pfeffer in einer kleinen Schüssel mischen.

02. Beide Salatsorten putzen, waschen, trocken schleudern und auf Tellern anrichten. Die Rote-Bete-Knollen mit Küchenpapier trocken tupfen, in dünne Scheiben schneiden und mit den Forellenfilets auf dem Salatbett verteilen (dabei am besten Einweghandschuhe tragen). Wer mag, schneidet zusätzlich noch einen zweiten Apfel in Spalten und verteilt diese auf dem Salat. Alles mit der Vinaigrette beträufeln.

03. Den Meerrettich mit dem Frischkäse gründlich verrühren. Mit 2 EL Nocken aus der Masse abstechen und auf den Salat setzen. Den Rote-Bete-Salat sofort servieren.

💡 *Rote Beten sind viel mehr als nur ein Hingucker: Sie sind geschmacksintensiv und in der Küche vielseitig einsetzbar, stecken dabei voller wichtiger Nährstoffe und enthalten das Pigment Betacyanin, das den kugeligen Rüben ihre kräftig rote Farbe gibt. Letzteres dient auch als kraftvolle Unterstützung zur Abwehr von Krebszellen.*

ZUTATEN
FÜR 4 PERSONEN

+ 1 kleiner rotschaliger Apfel
+ 4 EL Olivenöl
+ 4 EL Apfelessig
+ Zucker
+ Salz • Pfeffer aus der Mühle
+ 100 g Friséesalat
+ 200 g Feldsalat
+ 4 Rote Beten (vorgegart und vakuumiert)
+ 4 geräucherte Forellenfilets
+ 4 TL geriebener Meerrettich (aus dem Glas)
+ 150 g Doppelrahmfrischkäse

NÄHRWERTE PRO PORTION
Eiweiß: 17 g • Fett: 26 g
Kohlenhydrate: 14,7 g
Brennwert: ca. 374 kcal

SPARGEL-CARPACCIO
MIT SPINAT

ZUBEREITUNG
25 MIN.

01.   Den Sesam in einer beschichteten Pfanne ohne
Fett goldbraun anrösten. Vom Herd nehmen und abkühlen
lassen.

02.   Den Spargel waschen und die holzigen Enden abschneiden. Den weißen Spargel ganz, den grünen nur im unteren
Drittel schälen. Die Spargelstangen auf dem Gemüsehobel
schräg in hauchdünne Scheiben schneiden. Den Spinat
verlesen, waschen und trocken schütteln, dabei grobe Stiele
entfernen. Die Tomaten waschen und in Scheiben
schneiden.

03.   Spargelscheiben, Spinat und Tomaten auf Teller
verteilen und mit 2 EL Limettensaft beträufeln.

04.   Den übrigen Limettensaft mit der Sojasauce, dem
Honig und wenig Salz und Pfeffer verrühren. Sesam-
und Soja- oder Erdnussöl unterschlagen. Die Vinaigrette
über das Carpaccio träufeln und alles mit dem
gerösteten Sesam bestreuen.

⭐   *Das Carpaccio eignet sich auch besonders gut
als Beilage zu Rinderfilet.*

ZUTATEN
FÜR 4 PERSONEN

+   **1 EL Sesamsamen**
+   **300 g weißer Spargel**
+   **250 g grüner Spargel**
+   **80 g junger Blattspinat**
+   **200 g Cocktailtomaten**
+   **4 EL Limettensaft**
+   **2 EL Tamari-Sojasauce**
+   **1 TL flüssiger Honig**
+   **Salz • Pfeffer aus der Mühle**
+   **1 EL geröstetes Sesamöl**
+   **4 EL Soja- oder Erdnussöl**

NÄHRWERTE PRO PORTION
Eiweiß: 5 g • Fett: 18 g
Kohlenhydrate: 8 g
Brennwert: 221 kcal

EIER MIT SPECK
AUS DEM OFEN

ZUBEREITUNG 15 MIN.   10 MIN. GAREN
ZUTATEN FÜR 4 PERSONEN

Den Backofen auf 180 °C (Umluft) vorheizen. 4 kleine Auflauf-
formen mit Butter einfetten. **4 Scheiben Frühstücksspeck**
(Bacon) oder Kochschinken klein schneiden und je ein Viertel
auf die Formen verteilen. Je 1 **Ei** daraufgeben und 1 gehäuften
TL **Crème fraîche** daraufsetzen. Mit **Pfeffer** aus der Mühle
bestreuen, **40 g geriebenen Emmentaler** darüber verteilen.
Auf jede Portion 1 TL **Butter** setzen und die Eier im Ofen
auf der mittleren Schiene etwa 10 Minuten garen. Das Eiweiß
soll gestockt, das Eigelb noch weich sein. Herausnehmen
und zu getoastetem Low-Carb-Brot nach Wahl servieren.

 *Die Crème fraîche nach Belieben mit gehackten Kräutern
mischen oder stattdessen Kräuterfrischkäse nehmen.*

EIER AUF WOLKE SIEBEN

ZUBEREITUNG 🥄 **20 MIN.** ⏱ **5 MIN. GAREN**
ZUTATEN FÜR 4 PERSONEN

2 zimmerwarme Eier etwa 5 Minuten kochen, dann kalt abschrecken (das Innere sollte noch flüssig sein). In der Zwischenzeit **250 g Sahnequark** (40 % Fett) cremig rühren und auf Schälchen verteilen. **2 EL Olivenöl** mit etwas **Paprikapulver** (edelsüß oder rosenscharf) verrühren und erwärmen. **1 Low-Carb-Tortilla-Fladen** nach Packungsanweisung erhitzen. Die Eier vorsichtig pellen, auf die Quarkcreme setzen und mit dem warmen Paprikaöl beträufeln. Etwas grobes **Meersalz** darüberstreuen und jedes Ei mit ½ Tortilla-Fladen servieren.

TOMATENSUPPE
MIT PISTAZIEN

ZUBEREITUNG
30 MIN.

01. Die Zwiebel und den Knoblauch schälen und in feine Würfel schneiden. Das Mehl in einem Topf ohne Fett anrösten, bis es zu duften beginnt. Die Butter dazugeben und mit dem Schneebesen gut unterrühren. Die Zwiebel und den Knoblauch hinzufügen und alles unter Rühren andünsten. Dann die Tomaten samt Saft dazugeben, die Brühe hinzufügen und alles 15 bis 20 Minuten köcheln lassen.

02. Die Pistazien hacken. Die Suppe mit Salz, Pfeffer und Chilipulver würzen. Auf tiefe Teller verteilen und jeweils 1 EL Schmand in die Mitte geben. Mit dem Basilikum und den Pistazien bestreut servieren.

Die Suppe schmeckt auch sehr lecker, wenn Sie sie noch mit etwas knusprig gebratenen rohgeräucherten Schinken toppen.

ZUTATEN
FÜR 4 PERSONEN

+ 1 Zwiebel
+ 1 Knoblauchzehe
+ 40 g Hirsemehl
+ 40 g Butter
+ 400 g stückige Tomaten (aus der Dose)
+ ½ l Gemüsebrühe
+ 40 g Pistazienkerne
+ Salz • Pfeffer aus der Mühle
+ 1 Msp. Chilipulver
+ 4 EL Schmand oder Crème fraîche (oder Soja-Crème-fraîche)
+ 1 Handvoll Basilikumblätter

NÄHRWERTE PRO PORTION
Eiweiß: 4 g • Fett: 20 g
Kohlenhydrate: 12 g
Brennwert: 256 kcal

BROKKOLISUPPE
MIT POCHIERTEM EI

ZUBEREITUNG
🌱 25 MIN.

01. Die Zwiebel schälen und ebenso wie die Tomaten in feine Würfel schneiden. Brokkoli putzen, waschen und in Röschen teilen. Stiel schälen und klein schneiden. Das Olivenöl in einem Topf erhitzen, Zwiebel und Tomaten darin andünsten. Brokkoli dazugeben und 400 ml Wasser angießen. Mit Salz, Pfeffer und 1 Prise Chiliflocken würzen. Alles aufkochen und zugedeckt etwa 8 Minuten köcheln lassen. Dann vom Herd nehmen. Die Sahne unterrühren, die Suppe mit dem Stabmixer fein pürieren und abschmecken.

02. Reichlich Wasser mit Essig in einem großen Topf zum Kochen bringen. Hitze reduzieren, sodass das Wasser nur noch leicht siedet. Die Eier nacheinander in eine Suppenkelle aufschlagen und vorsichtig ins Wasser gleiten lassen, dabei das Eiweiß etwas über das Eigelb ziehen. Die Eier im Wasser knapp unter dem Siedepunkt etwa 4 Minuten gar ziehen lassen. Mit einem Schaumlöffel herausheben und auf Küchenpapier abtropfen lassen.

03. Den Parmesan fein reiben. Das Basilikum waschen und trocken schütteln, die Blätter abzupfen und in Streifen schneiden. Die Suppe zum Servieren mit Basilikum bestreuen, die pochierten Eier daraufsetzen und den Parmesan darüberstreuen.

💚 *Besonders toll an der Suppe ist, dass sie durch das pochierte Ei lange sättigt.*

ZUTATEN
FÜR 2 PERSONEN

+ 1 Zwiebel
+ 10 g getrocknete Tomaten
+ 500 g Brokkoli
+ 1 EL Olivenöl
+ Salz • Pfeffer aus der Mühle
+ Chiliflocken
+ 50 g Sahne
+ 2 EL Weißweinessig
+ 2 sehr frische Eier (Größe L)
+ 50 g Parmesan (am Stück)
+ 3 Stiele Basilikum

NÄHRWERTE PRO PORTION
Eiweiß: 26 g • Fett: 29 g
Kohlenhydrate: 11 g
Brennwert: 415 kcal

UNSER LIEBLING

THAI-SUPPE
MIT PILZEN UND HÄHNCHEN

ZUBEREITUNG
⏱ 25 MIN.

01. Frühlingszwiebeln putzen, waschen und in feine Ringe schneiden. Etwas Grün für die Deko beiseitelegen. Den Ingwer schälen und in feine Scheiben schneiden. Die Shiitake-Pilze putzen und je nach Größe halbieren. Die Möhre putzen, schälen und in kleine Würfel schneiden. Das Hähnchenfleisch in mundgerechte Streifen schneiden.

02. Das Öl in einem Topf erhitzen und das Fleisch darin rundum goldbraun anbraten. Frühlingszwiebeln, Pilze und Möhre dazugeben und unter Wenden etwa 3 Minuten mit anbraten. Zunächst die Currypaste unterrühren, dann die Brühe und den Ingwer hinzufügen. Alles aufkochen und danach zugedeckt bei schwacher Hitze etwa 10 Minuten köcheln lassen.

03. Die Tomaten waschen, halbieren und in die Suppe geben. Alles etwa 2 Minuten weiterköcheln lassen. Kokosmilch unterrühren und die Suppe mit Limettensaft, Fisch- und Sojasauce abschmecken. Den Koriander waschen und trocken schütteln, die Blätter abzupfen und fein hacken. Mit den beiseitegelegten Frühlingszwiebelringen über die Suppe streuen.

ZUTATEN
FÜR 2 PERSONEN

+ 4 Frühlingszwiebeln
+ 20 g Ingwer
+ 400 g Shiitake-Pilze
+ 1 Möhre
+ 400 g Hähnchenbrustfilet
+ 1 EL Öl
+ 2 TL rote Thai-Currypaste
+ 700 ml Gemüsebrühe
+ 200 g Cocktailtomaten
+ 100 ml Kokosmilch
+ 2 TL Limettensaft
+ je 2 EL Fisch- und Sojasauce
+ ½ Bund Koriander

NÄHRWERTE PRO PORTION
Eiweiß: 63 g • Fett: 21 g
Kohlenhydrate: 13 g
Brennwert: 510 kcal

TOFU-MISO-SUPPE
MIT SOBA-NUDELN

ZUBEREITUNG
🍴 **25 MIN.**

01. Die Soba-Nudeln nach Packungsanweisung garen. In ein Sieb abgießen, gut abtropfen lassen und mit dem Sesamöl mischen. Den Sesam in einer beschichteten Pfanne ohne Fett goldbraun anrösten. Vom Herd nehmen und abkühlen lassen.

02. Die Frühlingszwiebeln putzen, waschen und die weißen sowie hellgrünen Teile in feine Ringe schneiden. Die Gurken waschen und in etwa 3 cm lange Stifte schneiden. Den Spinat verlesen, waschen und trocken schütteln, dabei grobe Stiele entfernen. Tofu trocken tupfen und in etwa 2 cm große Würfel schneiden.

03. Die Brühe in einem Topf zum Kochen bringen. Den Ingwer schälen und in Scheiben schneiden, mit den Algen in die Brühe geben und etwa 2 Minuten köcheln lassen. Die Miso-Paste mit 5 EL Wasser glatt rühren, in die Brühe geben und diese noch etwa 5 Minuten kochen lassen. Dann Tofu, Frühlingszwiebeln und Gurken zur Suppe geben und einmal aufkochen.

04. Zum Servieren den Koriander waschen und trocken schütteln. Soba-Nudeln und Spinat auf Schalen oder Tassen verteilen und mit der kochenden Brühe übergießen. Den gerösteten Sesam und die Korianderblätter darüberstreuen. Sofort servieren.

**ZUTATEN
FÜR 4 PERSONEN**

+ **200 g Soba-Nudeln (Spaghetti aus Buchweizen und Weizen; aus dem Asienladen)**
+ **2 TL geröstetes Sesamöl**
+ **1 EL Sesamsamen**
+ **4 Frühlingszwiebeln**
+ **2 Mini-Gurken**
+ **100 g junger Blattspinat**
+ **200 g Tofu**
+ **1¼ l Gemüsebrühe**
+ **1 Stück Ingwer (ca. 20 g)**
+ **2 TL Instant-Wakame-Algen**
+ **2 ½ EL Shiro-Miso-Paste (aus Bio- oder Asienladen)**
+ **einige Korianderblätter zum Garnieren**

NÄHRWERTE PRO PORTION
Eiweiß: 15 g • Fett: 15 g
Kohlenhydrate: 18 g
Brennwert: 283 kcal

HAUPTGERICHTE

FRIKADELLEN
MIT SCHARFEM SPITZKOHL

ZUBEREITUNG
25 MIN.

01. Rucola waschen, trocken schütteln und ohne grobe Stiele fein hacken. Hackfleisch mit Rucola, Quark, Mandelmehl, Senf, Paprikapulver, Salz und Pfeffer verkneten. Aus der Masse mit angefeuchteten Händen 6 kleine Frikadellen formen. In einer beschichteten Pfanne 1 EL Öl erhitzen, die Frikadellen darin auf jeder Seite 4 bis 5 Minuten braten.

02. Die Zwiebel schälen und in feine Würfel schneiden. Spitzkohl putzen, waschen, vom Strunk befreien und in feine Streifen schneiden. Restliches Öl in einem Topf erhitzen und die Zwiebel darin andünsten. Kohl dazugeben und kurz mitdünsten. 1 EL Wasser hinzufügen und alles zugedeckt etwa 5 Minuten dünsten. Ajvar und Crème fraîche unter den Kohl rühren und mit Salz, Pfeffer und Kreuzkümmel abschmecken. Die Frikadellen mit dem scharfen Spitzkohl anrichten.

⭐ *Übrig gebliebene Frikadellen schmecken auch kalt, z.B. am nächsten Tag zu Mittag, mit Salat sehr lecker.*

ZUTATEN
FÜR 2 PERSONEN

+ 30 g Rucola
+ 250 g mageres Rinderhackfleisch
+ 2 EL Magerquark
+ 1 EL Mandelmehl
+ 1 TL Senf
+ ¼ TL Paprikapulver (edelsüß)
+ Salz • Pfeffer aus der Mühle
+ 2 EL Rapsöl
+ 1 Zwiebel
+ 1 kleiner Spitzkohl
+ 2 EL Ajvar (Paprikapaste)
+ 1 EL Crème fraîche
+ Kreuzkümmelpulver

NÄHRWERTE PRO PORTION
Eiweiß: 32 g • Fett: 21 g
Kohlenhydrate: 13 g
Brennwert: 270 kcal

HACKBRATEN
MIT KOHLRABI

ZUBEREITUNG
🍴 **50 MIN.**

01. Den Backofen auf 190 °C vorheizen. Die Eier in einem Topf knapp mit Wasser bedecken und etwa 6 Minuten wachsweich kochen. Inzwischen die Zwiebel schälen und in feine Würfel schneiden. Das Hackfleisch mit den Zwiebel-würfeln, Kräutern, Ajvar und Senf mischen, mit Salz und Pfeffer würzen. Den Topf vom Herd nehmen, die Eier in kaltem Wasser abschrecken.

02. Die Eier pellen. Das Hackfleisch in 2 Portionen teilen, zu Kugeln formen und flach drücken. Die Eier jeweils in die Mitte legen, das Hackfleisch vorsichtig um die Eier ver-schließen und zu kleinen Braten formen. Die Braten in eine kleine Auflaufform legen und die Brühe angießen. Im heißen Ofen auf der mittleren Schiene 30 Minuten garen.

03. Kohlrabi schälen und in Stifte schneiden. In einem Topf mit Dämpfeinsatz über kochendem Wasser etwa 6 Minuten bissfest dämpfen. Inzwischen die Petersilie waschen und trocken tupfen, die Blätter abzupfen und fein hacken. Den Dämpfeinsatz aus dem Topf heben und das Wasser abgie-ßen. Butter und Zitronensaft im Topf erhitzen und die Kohlrabistifte und die Petersilie darin schwenken. Mit Salz, Pfeffer und Muskatnuss abschmecken.

04. Die Auflaufform aus dem Ofen nehmen. Hackbraten und Kohlrabi auf Tellern anrichten und servieren.

ZUTATEN
FÜR 2 PERSONEN

+ 2 Eier (Größe M)
+ 1 Zwiebel
+ 400 g mageres gemischtes Hackfleisch
+ 2 EL italienische TK-Kräuter
+ 1 EL Ajvar (Paprikapaste)
+ 2 TL mittelscharfer Senf
+ Salz • Pfeffer aus der Mühle
+ 100 ml Gemüsebrühe
+ 400 g Kohlrabi
+ 2 Stiele Petersilie
+ 1 EL Butter
+ ½ EL Zitronensaft
+ frisch geriebene Muskatnuss

NÄHRWERTE PRO PORTION
Eiweiß: 55 g • Fett: 17 g
Kohlenhydrate: 11 g
Brennwert: 425 kcal

RUMPSTEAK
MIT OFENGEMÜSE

ZUBEREITUNG
35 MIN.

01. Den Backofen auf 200 °C vorheizen. Ein Backblech mit Backpapier auslegen. Das Gemüse putzen und waschen. Zucchini in etwa 1 cm dicke Scheiben, Aubergine in etwa 2 cm große Würfel schneiden. Zwiebel schälen und in Spalten schneiden. Thymian, Salz und Pfeffer mit 2 EL Olivenöl in einer Schüssel verrühren und mit dem Gemüse mischen. Das Gemüse auf dem Backblech verteilen und im heißen Ofen auf der mittleren Schiene 20 bis 25 Minuten garen, dabei einmal wenden.

02. Inzwischen eine beschichtete Pfanne dünn mit Olivenöl ausstreichen. Die Steaks mit Salz und Pfeffer würzen und im Öl unter Wenden 6 bis 8 Minuten medium braten. In Alufolie wickeln und kurz ruhen lassen.

03. Quark mit Mineralwasser und Pesto glatt rühren. Mit Salz und Pfeffer abschmecken. Steaks mit Gemüse und Pesto-Quark anrichten. Dabei den Fleischsaft aus der Folie über das Gemüse gießen.

Zucchini und Aubergine sind Sommergemüsesorten, deswegen empfiehlt es sich im Winter auf Blumenkohl, Rote Bete, Champignons oder Rosenkohl zurückzugreifen.

ZUTATEN
FÜR 2 PERSONEN

+ 1 Zucchini (ca. 250 g)
+ 1 Aubergine (ca. 300 g)
+ 1 Zwiebel
+ ½ TL getrockneter Thymian
+ Salz • Pfeffer aus der Mühle
+ ca. 3 EL Olivenöl
+ 2 Rumpsteaks (à ca. 200 g)
+ 200 g Magerquark
+ 1–2 EL Mineralwasser (mit Kohlensäure)
+ 2 TL Basilikum-Pesto (Glas)

NÄHRWERTE PRO PORTION
Eiweiß: 59 g • Fett: 26 g
Kohlenhydrate: 12 g
Brennwert: 520 kcal

GEMÜSE-HACKPFANNE
MIT KICHERERBSEN

ZUBEREITUNG
35 MIN.

01. Die Pinienkerne in einer Pfanne ohne Fett goldbraun rösten. Vom Herd nehmen und abkühlen lassen. Die Kichererbsen in ein Sieb abgießen, kalt abbrausen und gut abtropfen lassen.

02. Den Knoblauch schälen und in feine Würfel schneiden. Lauch putzen und waschen, weiße und hellgrüne Teile in dünne Ringe schneiden. Paprika längs vierteln, entkernen, waschen und quer in 1 cm breite Streifen schneiden. Aprikosen in Streifen schneiden.

03. Das Öl in einem Wok oder einer Pfanne stark erhitzen und das Hackfleisch darin unter Wenden krümelig braten. Knoblauch und Kreuzkümmel dazugeben und kurz mitbraten. Lauch, Paprika und Aprikosen in die Pfanne geben und 5 Minuten mitbraten. Ajvar und 150 ml Wasser unterrühren und alles aufkochen. Die Kichererbsen hinzufügen, kurz mit erhitzen. Alles mit Salz und Pfeffer würzen.

04. Die Gurken waschen und in kleine Würfel schneiden. Mit dem Joghurt verrühren und mit Salz und Pfeffer würzen. Die Hackpfanne mit Pinienkernen bestreut anrichten und den Gurken-Joghurt-Dip dazu servieren.

ZUTATEN
FÜR 4 PERSONEN

+ 2 EL Pinienkerne
+ 1 Dose Kichererbsen (265 g Atropfgewicht)
+ 2 Knoblauchzehen
+ 2 Stangen Lauch (à ca. 200 g)
+ je 1 rote und grüne Paprikaschote
+ 4 getrocknete Softaprikosen
+ 2 EL Olivenöl
+ 250 g Lamm- oder Rinderhackfleisch
+ 1 TL Kreuzkümmelpulver
+ 100 g scharfes Ajvar (Paprikapaste)
+ Salz • Pfeffer aus der Mühle
+ 2 Mini-Gurken (ca. 200 g)
+ 300 g griech. Joghurt (10 % Fett)

NÄHRWERTE PRO PORTION
Eiweiß: 26 g • Fett: 29 g
Kohlenhydrate: 28 g
Brennwert: 498 kcal

ALOHA-BURGER
MIT ANANAS

ZUBEREITUNG
35 MIN.

01. Für die Patties das Hackfleisch leicht mit Salz und Pfeffer würzen und durchkneten. Dann mit der Burgerpresse oder mit angefeuchteten Händen zu flachen Patties pressen bzw. formen.

02. Die Frühlingszwiebeln putzen, waschen und in Ringe schneiden. Dann mit dem Essig verrühren, mit Salz, Pfeffer und Cayennepfeffer würzen. Salatblätter waschen und trocken tupfen. Die Ananas schälen, dabei auch die dunklen Stellen entfernen. In 4 Scheiben schneiden, dabei den harten Strunk herausschneiden.

03. Die Patties und den Speck auf dem heißen Grill von beiden Seiten je etwa 4 Minuten grillen, bis die Patties knapp gar und im Kern noch rosa sind und der Speck knusprig ist. Ananas mit Öl bepinseln und von beiden Seiten je 3 Minuten grillen, bis die Scheiben leicht gebräunt sind.

04. Auf zwei Teller je 1 Scheibe Ananas legen, jeweils 1 EL Sauce (siehe Tipp) daraufgeben und nacheinander mit Salat, Speck und den Patties belegen. Je 2 EL Sauce darüberträufeln. Die Frühlingszwiebeln daraufgeben und jeweils die zweite Ananasscheibe darauflegen. Sofort servieren.

ZUTATEN
FÜR 2 PERSONEN

+ **300 g mageres Rinderhackfleisch**
+ **Salz • Pfeffer aus der Mühle**
+ **2 Frühlingszwiebeln**
+ **1 EL Balsamico bianco**
+ **Cayennepfeffer**
+ **4 Mini-Romanasalatblätter**
+ **½ Ananas**
+ **4 Scheiben Speck**
+ **2 TL Öl**

NÄHRWERTE PRO PORTION
Eiweiß: 39 g • Fett: 41 g
Kohlenhydrate: 25 g
Brennwert: 665 kcal

⭐ *Für die Sauce je 1 Zwiebel und Knoblauchzehe schälen und in feine Würfel schneiden. In einem Topf Zwiebel und Knoblauch mit 2 TL Xylit andünsten. Dann 200 ml Wasser, 70 g Tomatenmark, 2 EL Whiskey, 1 EL Balsamico bianco, 1 EL Sojasauce und etwas Salz dazugeben, aufkochen und mit schräg aufgelegtem Deckel bei schwacher Hitze 10 Min. köcheln lassen. Je ½ TL scharfen Senf und Currypulver unterrühren und die Sauce mit dem Stabmixer fein pürieren. Mit Rauchsalz, Pfeffer und Cayennepfeffer abschmecken.*

PUTENGYROS
MIT KRAUTSALAT

ZUBEREITUNG
🍴 **25 MIN.**

01. Das Putenfleisch waschen und mit Küchenpapier trocken tupfen, anschließend in feine Streifen schneiden. Den Knoblauch schälen und dazupressen. Kreuzkümmel, Paprikapulver, getrocknete Kräuter und ½ EL Olivenöl dazugeben und alles gut mischen.

02. Für den Salat den Kohl putzen, waschen und in feine Streifen schneiden oder hobeln. Möhren putzen, schälen und mit dem Spiralschneider in feine „Nudeln" schneiden oder raspeln. Den Dill waschen und trocken tupfen, die Spitzen abzupfen und grob hacken. Kohl, Möhren und Dill mit ½ EL Olivenöl, Essig und Zitronensaft mischen. Mit Salz, Pfeffer und etwas Honig abschmecken.

03. Das restliche Olivenöl in einer Pfanne erhitzen und das Fleisch darin etwa 5 Minuten rundum anbraten, bis es leicht gebräunt ist. Den Krautsalat mit Gyros servieren.

⭐ *Zum Putengyros passt Paprikaquark sehr gut. Dafür einfach einen Becher Magerquark mit Rosenpaprikapulver, geräuchertem Paprikapulver, Salz und Pfeffer würzen. Natürlich eignet sich als Dip auch Zaziki.*

ZUTATEN
FÜR 2 PERSONEN

+ **300 g Putenmedaillons**
+ **1 Knoblauchzehe**
+ **1 TL Kreuzkümmelpulver**
+ **1 Msp. Paprikapulver (edelsüß)**
+ **1 TL getrockneter Oregano**
+ **1 TL getrockneter Thymian**
+ **2 EL Olivenöl**
+ **200 g Spitzkohl**
+ **100 g Möhren**
+ **1 Stiel Dill**
+ **2 EL Balsamico bianco**
+ **1 EL Zitronensaft**
+ **Salz • Pfeffer aus der Mühle**
+ **Honig**

NÄHRWERTE PRO PORTION
Eiweiß: 26 g • Fett: 27 g
Kohlenhydrate: 34 g
Brennwert: 505 kcal

TÜRKISCHE LOW-CARB-PIZZA
MIT ZAZIKI

ZUBEREITUNG
🍶 20 MIN. ⏱ 35 MIN. BACKEN

01. Den Backofen auf 170 °C (Umluft) vorheizen. Den Blumenkohl in kleine Röschen teilen, die Möhre schälen und klein schneiden. Beides portionsweise im Blitzhacker fein mahlen. Dann in ein sauberes Küchentuch wickeln und kräftig ausdrücken. Gouda mit Blumenkohl-Möhren-Mix, Ei und Mehl mischen, mit Salz würzen und fein pürieren.

02. Ein Backblech mit Backpapier belegen und dünn mit Öl bestreichen. Den Teig nebeneinander in 2 Portionen auf das Backpapier geben und mit den Händen und einer Palette zu sehr dünnen Fladen formen (à ca. 30 × 20 cm). Im Ofen auf der mittleren Schiene 30 Minuten backen.

03. Die Zwiebel und den Knoblauch schälen und in feine Würfel schneiden. Das Hackfleisch in einer beschichteten Pfanne ohne Fett krümelig braten. Die Zwiebel mitbraten, dann den Knoblauch dazugeben und kurz mitbraten. Das Tomatenmark dazugeben und anrösten, dann Kreuzkümmel, Minze und Brühe hinzufügen und alles zugedeckt 4 Minuten köcheln lassen. Die Sauce mit Salz und Pfeffer abschmecken.

04. Die Backofentemperatur auf 200 °C erhöhen und den Pizzaboden weiterbacken, bis er leicht gebräunt ist. Mit der Sauce bestreichen und 5 bis 7 Minuten fertig backen. Inzwischen die Gurke waschen und in Würfel schneiden. Tomaten waschen und vierteln. Petersilie waschen und trocken tupfen, die Blätter abzupfen und grob hacken.

05. Die Pizzen herausnehmen und dem Zaziki beträufeln. Dann Gurkenwürfel, Tomaten, Oliven und Petersilie darauf verteilen und servieren.

ZUTATEN
FÜR 2 PERSONEN

+ 400 g Blumenkohl
+ 50 g Möhre
+ 100 g geriebener Gouda
+ 1 Ei (Größe M)
+ 4 EL Dinkel-Vollkornmehl
+ Salz
+ 2 TL Öl
+ 1 Zwiebel
+ 1 Knoblauchzehe
+ 125 g Rinderhackfleisch
+ 2 EL Tomatenmark
+ ½ TL Kreuzkümmelpulver
+ 1 TL getrocknete Minze (z.B. aus einem Teebeutel)
+ 125 ml Gemüsebrühe
+ Pfeffer aus der Mühle
+ 150 g Salatgurke
+ 125 g Cocktailtomaten
+ 2 Stiele Petersilie
+ 125 g Zaziki (Fertigprodukt)
+ 50 g eingelegte schwarze Oliven

NÄHRWERTE PRO PORTION
Eiweiß: 41 g • Fett: 40 g
Kohlenhydrate: 28 g
Brennwert: 665 kcal

UNSER
LIEBLING

BROKKOLIAUFLAUF
MIT SCHINKEN

ZUBEREITUNG
🥄 **20 MIN.** ⏱ **25 MIN.**

01. Den Brokkoli putzen, waschen und in Röschen teilen. Den Strunk schälen und in kleine Würfel schneiden. Brokkoli in einem Topf in Salzwasser aufkochen und 2 bis 3 Minuten bissfest garen. Brokkoli in ein Sieb abgießen, kalt abschrecken und abtropfen lassen.

02. Backofen auf 175 °C vorheizen. Eine flache Auflaufform einfetten. Schinken in kleine Würfel schneiden, Parmesan fein reiben. Frischkäse mit Eiern, Milch und der Hälfte des Parmesans verquirlen. Mit Salz, Pfeffer und Muskat würzen.

03. Den Brokkoli in der Form verteilen. Den Schinken darauf verteilen, die Sauce darübergießen und den übrigen Parmesan darüberstreuen. Im heißen Ofen auf der mittleren Schiene 20 Minuten backen. Pinienkerne daraufstreuen, den Auflauf 5 Minuten goldbraun fertig backen.

💡 *Wer sparen möchte, kauft anstatt der Pinenkerne Mandelblättchen. Diese sind um einiges günstiger.*

ZUTATEN
FÜR 2 PERSONEN

+ **600 g Brokkoli**
+ **Salz**
+ **Fett für die Form**
+ **150 g magerer Kochschinken**
+ **40 g Parmesan**
+ **175 g Frischkäse (4 % Fett)**
+ **2 Eier**
+ **75 ml Milch**
+ **Pfeffer aus der Mühle**
+ **frisch geriebene Muskatnuss**
+ **20 g Pinienkerne**

NÄHRWERTE PRO PORTION
Eiweiß: 51 g • Fett: 25 g
Kohlenhydrate: 17 g
Brennwert. 495 kcal

💚 *Aromatische Dressings geben jedem Salat die nötige Würze. Ob mit Kichererbsen, Tomaten oder Gurken und frischem Obst — diese Saucen toppen im wahrsten Sinne alles und schmecken überraschend anders!*

PETERSILIEN-HUMMUS
MIT SEIDENTOFU

ZUBEREITUNG 🌿 15 MIN.
ZUTATEN FÜR 4 PERSONEN

1 kleine Knoblauchzehe schälen und in feine Würfel schneiden. **60 g Kichererbsen** (aus der Dose) in ein Sieb abgießen, kalt abbrausen und abtropfen lassen. **½ Bund Petersilie** waschen und trocken schütteln, die Blätter abzupfen und grob hacken. Alles mit **2 EL Zitronensaft**, **100 g Seidentofu**, **2 EL Olivenöl** und **1 EL Tahin** (Sesampaste) in einem hohen Rührbecher mit dem Stabmixer glatt pürieren. Die Creme mit **Salz** und **Pfeffer** würzen. **Passt zu:** Tomaten-, Gurken- oder Rohkostsalat.

GURKENDRESSING
MIT APFEL

ZUBEREITUNG　15 MIN.
ZUTATEN FÜR 4 PERSONEN

½ **säuerlichen Apfel** (z.B. Elstar, 75 g) waschen, vierteln, entkernen und klein schneiden. **100 g Salatgurke** schälen und längs halbieren, die Kerne mit einem Teelöffel entfernen und die Gurkenhälften grob zerkleinern. Apfel und Gurke in einen hohen Rührbecher geben. **2 TL Zitronensaft, 75 ml Apfelsaft** (am besten frisch aus dem Entsafter) und **2 EL Olivenöl** hinzufügen, alles mit dem Stabmixer fein pürieren. Das Dressing mit **Salz** und **Pfeffer** abschmecken. **Passt zu:** Chicorée, Radicchio, Endivie und anderen bitteren Blattsalaten.

TOMATENDRESSING
MIT CHILI

ZUBEREITUNG　25 MIN.
ZUTATEN FÜR 4 PERSONEN

Je **1 kleine Zwiebel** und **Knoblauchzehe** schälen und fein würfeln. **100 g Tomaten** waschen und halbieren, dabei die Stielansätze und Kerne entfernen. Die Tomaten in Würfel schneiden. **5 EL Olivenöl** erhitzen, Zwiebel und Knoblauch darin andünsten. Die Tomatenwürfel hinzufügen und 5 Minuten mitdünsten. Alles in einen hohen Rührbecher geben, **1 TL flüssigen Honig**, **2 TL Weißweinessig** und **1 TL Pul biber** (scharfe Paprikaflocken) hinzufügen, alles mit dem Stabmixer fein pürieren. Das Dressing mit **Salz** und **Pfeffer** abschmecken und mit **4—5 EL Wasser** verdünnen. **Passt zu:** Kräftigen Salaten wie Endivie oder Chicorée.

KRÄUTERKABELJAU
MIT BOHNENSALAT

ZUBEREITUNG
25 MIN.

01. Bohnen putzen, waschen, in Stücke schneiden und in Salzwasser 12 bis 15 Minuten garen. Inzwischen Frühlingszwiebeln putzen, waschen und in feine Röllchen schneiden. Radieschen putzen, waschen und in feine Scheiben schneiden. Essig, Salz, Pfeffer und 1 TL Senf verrühren. Dann das Olivenöl kräftig unterschlagen. Bohnen in ein Sieb abgießen, abtropfen lassen und noch warm mit Frühlingszwiebeln und Radieschen unter das Dressing mischen.

02. Kräuter waschen und trocken schütteln. Die Blätter abzupfen, fein hacken und auf einem Teller mischen. Fisch waschen, trocken tupfen und mit Salz und Pfeffer würzen. Auf beiden Seiten mit dem restlichen Senf bestreichen und in den Kräutern wälzen.

03. Fisch auf einen Dämpfeinsatz legen und in einem Topf mit wenig Wasser zugedeckt bei mittlerer Hitze je nach Dicke 8 bis 10 Minuten dämpfen (er sollte im Innern leicht glasig sein). Den Fisch mit dem Salat auf Tellern anrichten und mit Zitronenspalten garnieren.

⭐ *Zu dem Kräuterkabeljau schmeckt dieser Dip besonders lecker: 1 Bio-Zitrone heiß waschen, trocken tupfen und 1 TL Schale abreiben. Zitrone halbieren, eine Hälfte in Spalten schneiden. Aus der anderen Hälfte 1–2 TL Saft auspressen und mit 150 g Magerquark, etwas Mineralwasser, 1 EL Tahin, Zitronenschale, Salz und Pfeffer verrühren.*

ZUTATEN
FÜR 2 PERSONEN

+ **350 g grüne Bohnen**
+ **Salz**
+ **2 Frühlingszwiebeln**
+ **50 g Radieschen**
+ **1 EL Weißweinessig**
+ **Pfeffer aus der Mühle**
+ **4 TL Senf**
+ **3 EL Olivenöl**
+ **je ¼ Bund Petersilie und Dill**
+ **2 Kabeljaufilets (à 200 g)**
+ **1 Bio-Zitrone**

NÄHRWERTE PRO PORTION
Eiweiß: 54 g • Fett: 20 g
Kohlenhydrate: 16 g
Brennwert: 490 kcal

ZITRONENLACHS
MIT SELLERIEPÜREE

ZUBEREITUNG
20 MIN.

01. Sellerie putzen, schälen und in etwa 1 cm große Stücke schneiden. Petersilie waschen und trocken schütteln. Blätter abzupfen, hacken und beiseitelegen. Sellerie mit Petersilienstielen, Lorbeer und Salz in einem Topf mit Wasser bedeckt etwa 20 Minuten weich garen.

02. Inzwischen die Lachsfilets waschen und trocken tupfen. Zitrone waschen und trocken reiben, etwas Schale fein abreiben und beiseitestellen. Zitrone halbieren, eine Hälfte in Scheiben schneiden, die andere auspressen.

03. Zitronenscheiben leicht überlappend in einen Dämpfeinsatz legen. Lachs darauflegen, mit Salz und Pfeffer würzen und in einem Topf mit wenig Wasser zugedeckt 8 bis 12 Minuten dämpfen.

04. Inzwischen die Kapern abtropfen lassen. Butter in einer kleinen Pfanne zerlassen und die Kapern dazugeben. Mit 1 bis 2 TL Zitronensaft, Salz und Pfeffer würzen. Zitronenschale und gehackte Petersilie unterrühren. Sellerie abgießen, Lorbeer und Petersilienstiele entfernen. Sellerie, Frischkäse und übrigen Zitronensaft mit dem Stabmixer pürieren. Den Lachs mit dem Selleriepüree anrichten und mit der Kapernbutter beträufeln.

ZUTATEN
FÜR 2 PERSONEN

+ **600 g Knollensellerie**
+ **3 Stiele Petersilie**
+ **1 Lorbeerblatt**
+ **Salz**
+ **2 Lachsfilets**
  (à 175 g; ohne Haut)
+ **1 Bio-Zitrone**
+ **Pfeffer aus der Mühle**
+ **1 EL Kapern**
+ **2 EL Butter**
+ **60 g Doppelrahmfrischkäse**

NÄHRWERTE PRO PORTION
Eiweiß: 45 g • Fett: 22 g
Kohlenhydrate: 8 g
Brennwert: 410 kcal

💚 *Dieses Gericht ist ein Geheimtipp, wenn Sie Gäste erwarten. Superschnell zubereitet, macht es auch noch viel her.*

LACHS
ALLA PUTTANESCA

ZUBEREITUNG
25 MIN.

01. Die Tomaten waschen und vierteln. Das Olivenöl in einer großen Pfanne erhitzen, die Tomaten darin 5 Minuten andünsten, dabei ab und zu umrühren.

02. Inzwischen den Knoblauch schälen und mit der Peperoni in Scheiben schneiden. Beides zu den Tomaten geben und 3 Minuten mitdünsten. Dann 100 ml Wasser angießen, Oliven und Kapern dazugeben und zugedeckt weitere 5 Minuten dünsten.

03. Den Zitronensaft und weitere 50 ml Wasser dazugeben, mit Salz, Pfeffer und etwas Honig würzen und die Lachsfiletstücke in die Sauce legen. Zugedeckt 2 Minuten dünsten, dann wenden und zugedeckt weitere 4 Minuten dünsten.

04. Inzwischen die Petersilie waschen und trocken tupfen, die Blätter abzupfen und grob hacken. Die Petersilie über den Lachs streuen. Die Pfanne vom Herd nehmen und den Lachs zugedeckt noch 4 bis 5 Minuten gar ziehen lassen. Dann mit der Sauce auf zwei Tellern anrichten und servieren. Dazu passt ein grüner Salat.

💚 *Die bekannte italienische Nudelsauce nimmt in dieser Low-Carb-Version mit Lachs vorlieb.*

ZUTATEN
FÜR 2 PERSONEN

+ 500 g Cocktailtomaten
+ 2 EL Olivenöl
+ 3 Knoblauchzehen
+ 1 rote Peperoni
+ 80 g schwarze Oliven (ohne Stein)
+ 1 EL Kapern
+ 2 EL Zitronensaft
+ Salz • Pfeffer aus der Mühle
+ Honig
+ 4 Stücke Lachsfilet (à 100 g)
+ 2 Stiele Petersilie

NÄHRWERTE PRO PORTION
Eiweiß: 47 g • Fett: 19 g
Kohlenhydrate: 10 g
Brennwert: 420 kcal

GRÜNE SPARGELPFANNE
MIT GARNELEN

ZUBEREITUNG
35 MIN.

01. Den Spargel waschen und im unteren Drittel schälen, die holzigen Enden abschneiden. Die Stangen schräg in 2 bis 3 cm dünne Scheiben schneiden, dabei die Köpfe ganz lassen. Die Ananas schälen, den Strunk entfernen und das Fruchtfleisch in kleine Stücke schneiden. Die Sprossen in einem Sieb abbrausen und gut abtropfen lassen. Zwiebeln schälen, halbieren und in schmale Spalten schneiden. Ingwer und Knoblauch schälen und in feine Würfel schneiden. Die Garnelen abbrausen und trocken tupfen. Brühe, Limettensaft, Sojasauce, Kokosblütenzucker und Sambal oelek zu einer Würzsauce verquirlen.

02. In einem Wok oder in einer Pfanne 2 EL Öl erhitzen und die Garnelen darin auf beiden Seiten 1 Minute braten. Mit Salz und Pfeffer würzen, herausnehmen und beiseitestellen. Das übrige Öl erhitzen und Spargel und Zwiebeln darin unter Wenden bei starker Hitze etwa 5 Minuten kräftig anbraten. Ingwer, Knoblauch, Ananas und Sprossen hinzufügen und 1 Minute mitbraten. Die Würzsauce unter das Gemüse rühren, die Pfeilwurzelstärke einrühren und alles einmal aufkochen lassen. Dann die Garnelen untermischen.

03. Den Koriander waschen und trocken schütteln, die Blätter abzupfen und zum Servieren auf die Spargelpfanne streuen.

ZUTATEN
FÜR 4 PERSONEN

+ 500 g grüner Spargel
+ 300 g Ananas
+ 300 g frische Mungobohnen-sprossen
+ 2 rote Zwiebeln
+ 1 Stück Ingwer (ca. 20 g)
+ 2 Knoblauchzehen
+ 300 g rohe Garnelen (küchen-fertig und ohne Schale)
+ 125 ml Gemüsebrühe
+ 4 EL Limettensaft
+ 4 EL Tamari-Sojasauce
+ 2 TL Kokosblütenzucker
+ 1–2 TL Sambal oelek
+ 3 EL Öl
+ Salz • Pfeffer aus der Mühle
+ 2 TL Pfeilwurzelstärke (aus Reformhaus oder Bioladen)
+ ½ Bund Koriander

NÄHRWERTE PRO PORTION
Eiweiß: 24 g • Fett: 5 g
Kohlenhydrate: 24 g
Brennwert: 253 kcal

CURRYPFANNE
MIT BROKKOLI

ZUBEREITUNG
25 MIN.

01. Den Brokkoli in Röschen teilen, waschen und abtropfen lassen. Die Möhren putzen, schälen und in Scheiben schneiden. Brokkoli und Möhren in einem Topf mit Dämpfeinsatz über kochendem Wasser etwa 4 Minuten bissfest dämpfen. Danach in ein Sieb abgießen, kalt abschrecken und abtropfen lassen.

02. Für die Sauce Smoothie, Currypaste und Zitronensaft verrühren, mit Salz würzen. Die Paprika längs halbieren, entkernen, waschen und in mundgerechte Stücke schneiden. Den Tofu würfeln. Die Frühlingszwiebeln putzen, waschen und in Ringe schneiden.

03. Das Öl in einer Pfanne erhitzen und die Paprikastücke darin anbraten. Tofu, Brokkoli, Möhren und Cashewkerne dazugeben und 5 bis 7 Minuten weiterbraten, dabei immer wieder wenden. Die Frühlingszwiebeln kurz mitbraten, dann die Sauce angießen und noch 1 Minute köcheln lassen.

04. Mit Salz und Pfeffer würzen und auf zwei tiefe Teller verteilen. Je 1 EL Joghurt daraufgeben, mit den Granatapfelkernen und Kokoschips bestreuen.

Sie mögen keine gelbe Currypaste? Dann greifen Sie doch einfach zu einer grünen und nehmen anstatt dem gelben einen grünen Smoothie. Das sorgt für Abwechslung!

ZUTATEN
FÜR 2 PERSONEN

+ **250 g Brokkoli**
+ **200 g Möhren**
+ **80 ml gelber Smoothie (Fertigprodukt; aus dem Kühlregal)**
+ **2 TL gelbe Currypaste**
+ **1 EL Zitronensaft**
+ **Salz**
+ **1 rote Paprikaschote**
+ **200 g Räuchertofu**
+ **4 Frühlingszwiebeln**
+ **1 EL Öl**
+ **50 g Cashewkerne**
+ **Pfeffer aus der Mühle**
+ **2 EL Naturjoghurt**
+ **2 EL Granatapfelkerne**
+ **2 EL Kokoschips**

NÄHRWERTE PRO PORTION
Eiweiß: 26 g • Fett: 27 g
Kohlenhydrate: 34 g
Brennwert: 505 kcal

GESCHMORTE MÖHREN
MIT CURRYSAUCE

ZUBEREITUNG
30 MIN.

01. Den Backofen auf 180 °C vorheizen. Für die Möhren die Möhren schälen. Zitronenschale und -saft, Olivenöl, Currypaste, Honig und 1 Prise Meersalz verrühren. Die Möhren in einer Auflaufform mit der Marinade mischen. Im vorgeheizten Ofen auf der mittleren Schiene 15 bis 20 Minuten garen.

02. Inzwischen für die Sauce die Tomaten waschen, vierteln, entkernen und in kleine Würfel schneiden, dabei die Stielansätze entfernen. Zwiebel und Knoblauch schälen und in feine Würfel schneiden.

03. Das Olivenöl in einem kleinen Topf erhitzen, die Zwiebel- und Knoblauchwürfel darin bei mittlerer Hitze andünsten. Die Currypaste einrühren und kurz mitdünsten. Mit dem Orangensaft ablöschen und die Flüssigkeit leicht einkochen.

04. Die passierten Tomaten dazugeben und ebenfalls kurz einkochen. Tomatenwürfel, Ingwer, Orangenschale und Apfelkraut dazugeben und weitere 5 Minuten einkochen. Mit Salz abschmecken.

05. Die Möhren aus der Form nehmen und auf Teller verteilen. Das restliche Öl aus der Form unter die Sauce rühren. Die Möhren mit der Sauce begießen, mit Currypulver bestäuben und mit Korianderblättern garniert servieren.

ZUTATEN
FÜR 4 PERSONEN

FÜR DIE MÖHREN:
+ 8 mittelgroße Möhren
+ abgeriebene Schale und Saft von 1 Bio-Zitrone
+ 3 – 4 EL Olivenöl
+ ½ TL rote Currypaste
+ 1 TL Honig
+ Meersalz
+ Currypulver zum Bestäuben
+ Korianderblätter zum Garnieren

FÜR DIE SAUCE:
+ 4 Tomaten
+ 1 rote Zwiebel
+ 1 Knoblauchzehe
+ 1 EL Olivenöl
+ ½ TL rote Currypaste
+ Saft und abgeriebene Schale von 1 Bio-Orange
+ 150 ml passierte Tomaten
+ 1 TL fein geriebener Ingwer
+ 1 TL Apfelkraut
+ Salz

NÄHRWERTE PRO PORTION
Eiweiß: 3 g • Fett: 12 g
Kohlenhydrate: 19 g
Brennwert: 210 kcal

GEMÜSE-CANNELLONI
MIT TOMATENSAUCE

ZUBEREITUNG
25 MIN. • **20 MIN. GAREN**

01. Zwiebel und Knoblauch schälen und in kleine Würfel schneiden. 2 EL Olivenöl in einem Topf erhitzen, die Zwiebel darin andünsten. Knoblauch, Kräuter und Tomaten dazugeben und aufkochen. Die Sauce offen 10 bis 15 Minuten leicht dicklich einkochen lassen. Mit Salz und Pfeffer würzen.

02. Zucchini und Aubergine putzen, waschen, längs in etwa 3 mm dicke Scheiben schneiden und salzen. In einer Pfanne im übrigen Olivenöl bei mittlerer Hitze portionsweise pro Seite etwa 3 Minuten braten.

03. Den Backofen auf 200 °C vorheizen. Basilikum waschen und trocken schütteln, die Blätter abzupfen und fein hacken. Ricotta mit Basilikum glatt rühren, mit Salz, Pfeffer und etwas Muskat würzen. Sauce in einer flachen Auflaufform verteilen. Je 1 knappen TL Ricottamasse auf die Gemüsescheiben geben und diese einrollen. Cannelloni in die Tomatensauce legen, die übrige Ricottamasse als Kleckse daraufgeben. Die Röllchen im heißen Ofen auf der mittleren Schiene etwa 20 Minuten garen.

ZUTATEN
FÜR 2 PERSONEN

+ 1 Zwiebel
+ 1 Knoblauchzehe
+ 4–5 EL Olivenöl
+ 1 TL getrocknete italienische Kräuter
+ 1 Dose stückige Tomaten (400 g)
+ Salz • Pfeffer aus der Mühle
+ je 1 Zucchini und Aubergine (à ca. 250 g)
+ ½ Bund Basilikum
+ 250 g Ricotta
+ frisch geriebene Muskatnuss

NÄHRWERTE PRO PORTION
Eiweiß: 15 g • Fett: 36 g
Kohlenhydrate: 14 g
Brennwert: 435 kcal

🔁 *Eine leckere Variation ist, wenn Sie Rosinen in die Ricottamasse mischen und die Gemüsecannelloni noch mit gerösteten Pinienkernen bestreuen.*

NO-CARB-TABOULÉ
MIT BLUMENKOHL

ZUBEREITUNG
🥄 20 MIN.

01. Das Hähnchenfleisch in feine Streifen schneiden. Mit 3 EL Olivenöl, Zitronenschale, 2 EL Zitronensaft und etwas Pfeffer mischen. Kurz ziehen lassen.

02. Den Blumenkohl putzen, waschen, trocken tupfen und in Röschen teilen. Die Röschen portionsweise im Blitzhacker oder auf der groben Seite der Gemüsereibe auf Couscous-Größe zerkleinern. Restliches Olivenöl in einer Pfanne erhitzen und den Blumenkohl darin unter Wenden 3 bis 4 Minuten braten. Mit 1 TL Zitronensaft, Salz, Pfeffer und Kreuzkümmel würzen. Abkühlen lassen.

03. Das Gemüse putzen und waschen. Die Frühlingszwiebeln in Ringe schneiden. Die Tomaten halbieren. Die Gurke mit dem Sparschäler streifenartig schälen, längs halbieren, entkernen und in dünne Scheiben schneiden. Kräuter waschen und trocken schütteln, die Blätter abzupfen, hacken und mit dem Gemüse unter den Blumenkohl mischen. Mit Salz, Pfeffer und Zitronensaft würzen.

04. Eine beschichtete Pfanne erhitzen und das Fleisch samt Marinade darin unter Wenden bei mittlerer Hitze 6 bis 8 Minuten braten. Mit Salz würzen und samt Bratensatz auf den Salat geben.

ZUTATEN
FÜR 2 PERSONEN

+ **350 g Hähnchenbrustfilet**
+ **4 EL Olivenöl**
+ **1 TL abgeriebene Bio-Zitronen-schale**
+ **ca. 3 EL Zitronensaft**
+ **Pfeffer aus der Mühle**
+ **500 g Blumenkohl**
+ **Salz**
+ **1 Msp. Kreuzkümmelpulver**
+ **4 Frühlingszwiebeln**
+ **200 g Cocktailtomaten**
+ **½ Salatgurke**
+ **je ¼ Bund Minze und Petersilie**

NÄHRWERTE PRO PORTION
Eiweiß: 51 g • Fett: 23 g
Kohlenhydrate: 13 g
Brennwert: 465 kcal

⭐ *Das Taboulé können Sie noch mit gerösteten Mandelblättchen bestreut servieren.*

BUNTES WOK-GEMÜSE
MIT TOFU

ZUBEREITUNG
🥢 35 MIN.

01. Tofu trocken tupfen und in 1 bis 2 cm große Würfel schneiden. Das Gemüse je nach Sorte waschen und putzen bzw. schälen. Die Paprikaschote vierteln und in feine Streifen schneiden. Möhren und Zuckerschoten schräg in dünne Scheiben schneiden. Weiße und hellgrüne Teile der Frühlingszwiebeln in 4 cm lange Stücke schneiden. Den Pak Choi längs vierteln. Die Chilischoten in dünne Ringe schneiden, dabei die Kerne entfernen. Von den Shiitake-Pilzen die Stiele entfernen, die Köpfe vierteln oder halbieren. Knoblauch und Ingwer in feine Würfel schneiden.

02. In einem Wok 2 EL Öl stark erhitzen und die Tofuwürfel darin unter Wenden 5 Minuten goldbraun braten. Herausnehmen und zugedeckt beiseitestellen. Das übrige Öl erhitzen und Chili, Knoblauch und Ingwer darin 2 Minuten anbraten. Paprika, Pilze und Möhren dazugeben und unter gelegentlichem Rühren bei sehr starker Hitze 5 bis 6 Minuten braten. Dann Zuckerschoten, Frühlingszwiebeln und Pak Choi hinzufügen und noch 2 bis 3 Minuten mitbraten, bis das Gemüse bissfest ist.

03. Inzwischen die Brühe mit Sojasauce, Sesamöl, Limettensaft und Pfeilwurzelstärke gründlich verrühren. Die Mischung zum Wok-Gemüse geben, aufkochen und köcheln lassen, bis es gebunden ist. Mit Salz und Pfeffer abschmecken. Zum Servieren die Tofuwürfel unterheben, kurz erhitzen und das Wok-Gemüse auf Teller verteilen. Dazu passt Blumenkohlreis.

ZUTATEN
FÜR 4 PERSONEN

+ **250 g Tofu**
+ **1 rote Paprikaschote**
+ **150 g Möhren**
+ **100 g Zuckerschoten**
+ **1 Bund Frühlingszwiebeln**
+ **250 g Baby-Pak-Choi**
+ **2 rote Chilischoten**
+ **125 g Shiitake-Pilze**
+ **1 Knoblauchzehe**
+ **1 Stück Ingwer (ca. 15 g)**
+ **4 EL Öl**
+ **200 ml Gemüsebrühe**
+ **4 EL Tamari-Sojasauce**
+ **1 EL geröstetes Sesamöl**
+ **1 EL Limettensaft**
+ **2 TL Pfeilwurzelstärke (aus Reformhaus oder Bioladen)**
+ **Salz • Pfeffer aus der Mühle**

NÄHRWERTE PRO PORTION
Eiweiß: 15 g • Fett: 21 g
Kohlenhydrate: 20 g
Brennwert: 343 kcal

DESSERTS

EXOTISCHER OBSTSALAT
MIT JOGHURTSAUCE

ZUBEREITUNG
🥄 15–20 MIN.

01. Von der Ananas die Schale abschneiden, sodass die dunklen Augen mit entfernt werden. Die Mango schälen und das Fruchtfleisch in breiten Spalten vom Stein schneiden. Die Banane schälen. Die Orange so großzügig schälen, dass auch die weiße Haut mit entfernt wird, und die Filets aus den Trennhäuten lösen. Alles in mundgerechte Stücke schneiden.

02. Das Obst in eine Schüssel geben, den Orangensaft, die Granatapfelkerne und die Cranberrys hinzufügen und alles gut mischen.

03. Den Joghurt mit dem Erdnussmus und dem Honig verrühren und mit dem Obstsalat servieren.

⭐ *Lecker schmeckt der Obstsalat auch, wenn Sie ihn noch mit Kokosraspeln bestreuen.*

**ZUTATEN
FÜR 4 PERSONEN**

+ **200 g reife Ananas**
+ **200 g reife Mango**
+ **1 Banane**
+ **1 Orange**
+ **Saft von 1 Orange**
+ **4 EL Granatapfelkerne**
+ **1 EL getrocknete Cranberrys (oder Rosinen)**
+ **300 g Naturjoghurt (oder Sojajoghurt)**
+ **2–3 EL ungesalzenes Erdnussmus**
+ **2 EL Honig**

NÄHRWERTE PRO PORTION
Eiweiß: 7 g • Fett: 9 g
Kohlenhydrate: 32 g
Brennwert: 258 kcal

HÜTTENKÄSECREME
MIT BLAUBEEREN

ZUBEREITUNG
20 MIN.   3 STD. WARTEN

01. Die Gelatine in kaltem Wasser einweichen. Hüttenkäse, Quark, Kokosblütenzucker und Zimt glatt verrühren. Orangensaft in einem kleinen Topf erhitzen, den Topf vom Herd nehmen. Gelatine ausdrücken und in dem warmen Orangensaft unter Rühren auflösen. 2 EL Creme unter die Gelatine rühren, diese Mischung unter die übrige Creme rühren.

02. Die Creme 10 bis 15 Minuten kühl stellen. Inzwischen die Sahne steif schlagen. Sobald die Creme zu gelieren beginnt, die Sahne vorsichtig unterheben. Die Creme in zwei gut verschließbare Frischhaltedöschen oder in Twist-off-Gläser verteilen. Döschen oder Gläser verschließen, die Creme im Kühlschrank mindestens 3 Stunden fest werden lassen.

03. Die Blaubeeren waschen, trocken tupfen und auf die Creme geben. Nach Belieben mit Orangenschale verzieren.

Die Hüttenkäsecreme können Sie auch super ins Büro mitnehmen. Dafür einfach wieder verschließen und bis zum Verzehr in den Kühlschrank stellen.

ZUTATEN
FÜR 2 PERSONEN

+ **2 Blatt weiße Gelatine**
+ **150 g Hüttenkäse**
+ **125 g Magerquark**
+ **1 EL Kokosblütenzucker (oder Birkenzucker)**
+ **½ TL Zimtpulver**
+ **4 EL Orangensaft**
+ **75 g Sahne**
+ **100 g Blaubeeren**
+ **etwas abgeriebene Bio-Orangenschale (nach Belieben)**

NÄHRWERTE PRO PORTION
Eiweiß: 18 g • Fett: 15 g
Kohlenhydrate: 15 g
Brennwert: 270 kcal

UNSER
LIEBLING

ANANAS-CARPACCIO
MIT MINZPESTO

ZUBEREITUNG
CA. 20 MIN.

01. Für das Pesto die Minze waschen und trocken schütteln, die Blätter von den Stielen zupfen und grob hacken. Die Pistazienkerne mit einem Messer grob hacken. Minze, Pistazien, Kokosblütenzucker, Limettensaft und -schale sowie 2 EL Wasser im Küchenmixer fein pürieren.

02. Die Ananas schälen, vierteln und den Strunk entfernen. Die Viertel längs in sehr dünne Scheiben schneiden. Die Ananasscheiben portionsweise auf Tellern oder alle zusammen auf einer Servierplatte anrichten.

03. Kurz vor dem Servieren das Pesto in kleinen Klecksen auf die Ananasscheiben geben und mit einem Löffel etwas verstreichen.

⭐ *Das Pesto schmeckt übrigens auch als aromatisches Extra auf Milchreis oder als Topping auf frischen Erdbeeren: Dafür die Beeren nach Belieben ganz oder ebenfalls als Carpaccio in dünnen Scheiben auf Tellern anrichten.*

ZUTATEN
FÜR 4 PERSONEN

+ ½ Bund Minze
+ 40 g Pistazienkerne
+ 2 EL Kokosblütenzucker
+ 2 EL Limettensaft
+ ca. ½ TL fein abgeriebene Bio-Limettenschale
+ 1 kleine Ananas

NÄHRWERTE PRO PORTION
Eiweiß: 2,75 g • Fett: 5,6 g
Kohlenhydrate: 31 g
Brennwert: ca. 188 kcal

CHIAPUDDING
MIT BEEREN

ZUTATEN
FÜR 1 PERSON

ZUBEREITUNG
🥄 **15 MIN.** ⏱ **QUELLEN ÜBER NACHT**

01. Am Vortag die Chiasamen mit der Milch in eine Schüssel geben und mit dem Schneebesen verrühren. Mit Agavendicksaft süßen und in den ersten 10 Minuten mehrfach umrühren, damit sich keine Klümpchen bilden und sich die Milch nicht absetzen kann.

02. Die Chiasamen-Milch-Mischung zugedeckt über Nacht im Kühlschrank aufbewahren, damit die Chiasamen gleichmäßig quellen können. Eventuell noch einmal umrühren.

03. Den Chiapudding am nächsten Morgen noch mal gut umrühren, in ein Glas füllen und mit den frischen Beeren garnieren.

+ **3 EL Chiasamen**
+ **200 ml fettarme Milch**
+ **2 TL Agavendicksaft**
+ **125 g frische Beeren nach Wahl**
  (z.B. Himbeeren, Erdbeeren,
  Heidelbeeren)

NÄHRWERTE PRO PORTION
Eiweiß: 13,1 g • Fett: 12,9 g
Kohlenhydrate: 24,3 g
Brennwert: ca. 273 kcal

💡 *Chiapudding können Sie ganz einfach variieren. Beispielsweise mit Gewürzen wie Zimt oder Vanille lassen sich besondere Geschmacksnoten erzeugen. Eine leckere Kombi ist auch geraspelte Birne mit Kakaonibs und etwas Zimt.*

TROPISCHER SMOOTHIE
MIT GRÜNKOHL

ZUBEREITUNG 20 MIN.
ZUTATEN FÜR 4 GLÄSER (À 250 ML)

NÄHRWERTE
PRO PORTION
Eiweiß: 2 g • Fett: 6 g
Kohlenhydrate: 18 g
Brennwert: ca. 160 kcal

1 reife Mango (ca. 400 g) schälen, das Fruchtfleisch zuerst vom Stein und dann in kleine Stücke schneiden. Für die Garnitur 4 dünne Mangoscheiben samt Schale abschneiden und beiseitelegen.
2 Kiwis schälen, längs aufschneiden und klein schneiden. **1 Apfel** waschen und achteln, das Kerngehäuse belassen, Stiel und Blütenansatz entfernen. **1 Limette** auspressen. Alle Früchte und den Limettensaft in einen leistungsstarken Küchenmixer geben.

150 g junge Grünkohlblätter (z.B. Picco Kale) waschen und trocken schütteln. Die Blätter verlesen, grob hacken und ebenfalls in den Küchenmixer geben.

1 EL Kokosöl und **400 ml gekühltes Kokoswasser** hinzufügen. Den Küchenmixer kurz auf kleiner Stufe starten, dann alles auf höchster Stufe so lange mixen, bis der Grünkohl vollständig zerkleinert ist.

Den Smoothie auf Gläser verteilen. Die beiseitegelegten Mangoscheiben jeweils bis zur Hälfte einschneiden und an den Glasrand stecken. Den Smoothie sofort servieren.

– LOW CARB EXPRESS –

AVOCADO-SMOOTHIE
MIT ROTER BETE

ZUBEREITUNG 🌱 **20 MIN.**
ZUTATEN FÜR 4 GLÄSER (À 250 ML)

1 **Stück Ingwer (ca. 15 g)** schälen und grob hacken. 1 **reife Avocado (ca. 200 g)** halbieren, den Kern entfernen und die Hälften schälen. **100 g Rote Bete** schälen und in Würfel schneiden. 1 **reife Birne** waschen und achteln, das Kerngehäuse belassen, Stiel- und Blütenansatz entfernen. **150 g Blaubeeren** waschen, von den Stielen zupfen und 8 Blaubeeren zum Garnieren beiseitelegen. Die übrigen Blaubeeren halbieren. Alle Früchte mit Ingwer und **4 EL Zitronensaft** in einen leistungsstarken Küchenmmixer geben.

2 TL Mandel- oder Walnussöl und **½ l Mandeldrink** hinzufügen. Den Küchenmixer kurz auf kleiner Stufe starten, dann alles auf höchster Stufe cremig pürieren. Konsistenz und Geschmack prüfen. Nach Belieben noch etwas Wasser dazugeben und erneut kurz mixen.

Den Smoothie auf Gläser verteilen. Je 2 Blaubeeren mit **je 1 Minzeblatt** auf ein Holzstäbchen stecken und über den Glasrand legen. Mit je **1 Rote-Bete-Blatt** garnieren. Den Smoothie sofort servieren.

NÄHRWERTE PRO PORTION
Eiweiß: 2 g • Fett: 7 g
Kohlenhydrate: 16 g
Brennwert: ca. 140 kcal

SCHOKOMUFFINS
MIT KAKAO UND KAFFEE

ZUBEREITUNG
🥄 20 MIN. ⏱ 13 MIN.

01.   Den Backofen auf 180 °C vorheizen. Die Mulden eines Mini-Muffinblechs mit Papierförmchen auslegen. Die Schokolade grob hacken. Eier und Kokosblütenzucker mit den Quirlen des Handrührgeräts 2 bis 3 Minuten aufschlagen, bis sich der Zucker aufgelöst hat.

02.   Das Mandelmehl mit Protein-, Kakao- und Backpulver, Johannisbrotkernmehl und 1 Prise Salz mischen. Kaffee, Quark und Milch verrühren. Die Mehl- und Kaffeemischung abwechselnd jeweils kurz unter die Eiermasse rühren, bis alle Zutaten gerade eben verbunden sind. Zuletzt die gehackte Schokolade unterheben.

03.   Den Teig in die Mulden verteilen. Die Muffins im Ofen auf der mittleren Schiene 12 bis 13 Minuten backen. Herausnehmen, etwa 10 Minutem in der Form abkühlen lassen, dann herauslösen und auf einem Kuchengitter auskühlen lassen. In einer gut schließenden Blech- oder Frischhaltedose aufbewahrt halten sich die Muffins etwa 3 Tage.

**ZUTATEN
FÜR 24 STÜCK**

+ **25 g Bitterschokolade
  (85 % Kakaoanteil)**
+ **2 Eier (Größe S)**
+ **3 EL Kokosblütenzucker
  (oder Birkenzucker)**
+ **100 g Mandelmehl**
+ **40 g ungesüßtes Whey-Protein-
  pulver (ohne Aroma)**
+ **2 EL Kakaopulver**
+ **1 TL Backpulver**
+ **¼ TL Johannisbrotkernmehl**
+ **Salz**
+ **5 EL kalter starker Kaffee**
+ **75 g Magerquark**
+ **50 ml Milch**

NÄHRWERTE PRO PORTION
Eiweiß: 4 g • Fett: 3 g
Kohlenhydrate: 3 g
Brennwert: 55 kcal

MINI-CHEESECAKES
MIT HIMBEEREN

ZUBEREITUNG
⚒ 20 MIN.   ⏱ 30 MIN.

01. Den Backofen auf 175 °C vorheizen. Die Mulden einer 6er-Muffinform gut einfetten und mit Mandelmehl ausstreuen.

02. Die Himbeeren verlesen bzw. auftauen lassen. Quark, Frischkäse und Vanilleextrakt mit den Quirlen des Handrührgeräts glatt rühren. Mandelmehl, Johannisbrotkernmehl, Backpulver, 1 Prise Salz und den Kokosblütenzucker mischen. Die Mischung unter die Quarkmasse rühren. Zum Schluss das Ei gut unterrühren.

03. Die Quarkmasse gleichmäßig in die Mulden der Muffinform verteilen. Die Hälfte der Himbeeren daraufgeben und leicht in die Quarkmasse eindrücken. Cheesecakes im heißen Ofen auf der mittleren Schiene etwa 30 Minuten backen. Gegen Ende eventuell mit Alufolie abdecken, damit sie nicht zu dunkel werden. Ofen ausschalten, Ofentür öffnen und die Cheesecakes im Ofen auskühlen lassen.

04. Cakes vorsichtig aus den Mulden lösen und mit den übrigen Himbeeren verzieren. Gut verpackt halten sie sich im Kühlschrank etwa 3 Tage, tiefgekühlt etwa 3 Monate. Gefrorene Cakes über Nacht im Kühlschrank auftauen lassen oder halb gefroren als Eistörtchen essen.

ZUTATEN
FÜR 6 STÜCK

+ **100 g Himbeeren**
  (frisch oder TK)
+ **125 g Magerquark**
+ **65 g Doppelrahmfrischkäse**
+ **einige Tropfen Vanilleextrakt**
  (ersatzweise ¼ TL Vanillepulver)
+ **25 g Mandelmehl**
+ **3 g Johannisbrotkernmehl**
+ **1 Msp. Backpulver**
+ **Salz**
+ **2 EL Kokosblütenzucker**
  (oder Birkenzucker)
+ **1 Ei (Größe L)**
+ **Fett und Mandelmehl**
  für die Form

NÄHRWERTE PRO PORTION
Eiweiß: 5 g • Fett: 7 g
Kohlenhydrate: 6 g
Brennwert: 110 kcal

KAKAO-SHOT
MIT INGWER

ZUBEREITUNG
15 MIN.

01. Kakaobohnen und Cashewkerne in den Küchenmixer geben. Den Ingwer schälen und in Stücke schneiden. Die Vanilleschote längs aufschneiden und das Mark mit einem spitzen Messer herauskratzen.

02. Den Ingwer, das Vanillemark, den Ahornsirup, das Kakaopulver und die Hälfte des Wassers in den Küchenmixer geben und zunächst auf niedriger Stufe, dann auf höchster Stufe 1 Minute pürieren.

03. Das restliche Wasser und die Eiswürfel hinzufügen und so lange pürieren, bis das Eis zerkleinert ist. Auf kleine Gläser verteilen und servieren.

💡 *Kakaonibs sind auch ein super Snack für Zwischendurch. Die anregende Wirkung von Kakao stillt den Appetit und sorgt zudem noch für gute Laune.*

ZUTATEN
FÜR CA. 1 LITER

+ **50 g rohe Kakaobohnen**
+ **35 g Cashewkerne**
+ **5 g Ingwer**
+ **1 Vanilleschote**
+ **8 EL Ahornsirup**
+ **3 EL rohes Kakaopulver**
+ **400 ml Wasser**
+ **10 Eiswürfel**

NÄHRWERTE PRO PORTION
Eiweiß: 3,8 g • Fett: 6,4 g
Kohlenhydrate: 4,5 g
Brennwert: ca. 93 kcal

REZEPTREGISTER

IMPRESSUM

© **ZS VERLAG GmbH**
Kaiserstraße 14 b
D–80801 München

ISBN 978-3-89883-921-1
1. Auflage 2019

Projektleitung: Martina Solter, Isabella Thiel
Lektorat: ZS-Team
Grafik Design & Artdirection: Seidldesign
Grafik & Satz: Irene Schulz, Georg Feigl
Herstellung: Frank Jansen
Producing: Jan Russok
Druck & Bindung: optimal media GmbH, Röbel

Kurze Wege schonen die Umwelt
Dieses Buch wurde in Deutschland gedruckt

Die ZS Verlag GmbH ist ein Unternehmen der Edel AG, Hamburg.
www.zsverlag.de | www.facebook.com/zsverlag

BILDNACHWEIS

Umschlag: C. Lang, vorne; A. Schütz (li.), J. Kirchherr (M.), K. Arras (re.): hinten
Innenteil: K. Arras: 75; O. Brachat: 85; J. Kirchherr: 13, 15, 35, 41, 43, 45, 55, 59; C. Lang: 11, 25, 27, 33, 37, 47, 51, 53, 63, 65, 73, 81, 83; M. Neubauer: 5, 19, 29, 39, 48/49, 57, 67, 78/79; W. Schardt: 61; A. Schütz: 9, 23, 71; T. Suedfels: 20/21; C. Timmann: 17, 77

HINWEISE ZU DEN REZEPTEN

Zubereitungszeit: Alle Rezepte haben eine kurze Zubereitungszeit. Bitte beachten Sie jedoch bei der Planung auch die angegebenen Back- und Kühlzeiten, die evtl. noch hinzukommen.
Backofentemperatur: Wenn nicht anders angegeben, beziehen sich die Temperaturangaben auf die Einstellung Ober-/Unterhitze. Berücksichtigen Sie außerdem die Eigenschaften Ihres Backofens, denn jeder Backofen bäckt anders.

Easy Auswahl ...

ISBN 978-3-89883-920-4

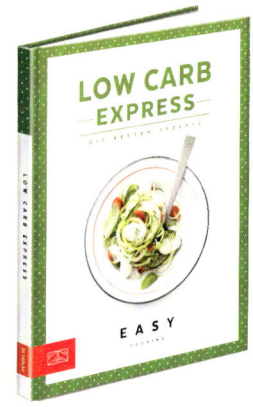

ISBN 978-3-89883-921-1

ISBN 978-3-89883-922-8

ISBN 978-3-89883-923-5

ISBN 978-3-89883-924-2

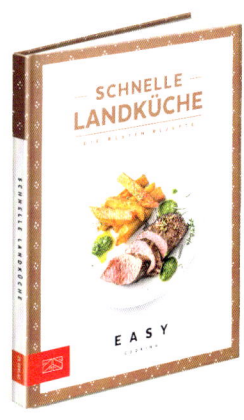

ISBN 978-3-89883-925-9

Gleich weiterkochen!

Jetzt überall,
wo es gute Bücher gibt.

LÖFFELMENGEN (PRO GESTR. LÖFFEL)

Lebensmittel	EL	TL
Flüssigkeit	12 ml	5 ml
Backpulver	9 g	3 g
Butter	10 g	4 g
Crème fraîche	10 g	5 g
Gelatine, gemahlen	8 g	3 g
Grieß	8 g	3 g
Haferflocken	7 g	2 g
Haselnusskerne, gemahlen	5 g	2 g
Honig	15 g	6 g
Joghurt (3,5 % F.)	10 g	6 g
Käse, gerieben	5 g	3 g
Kaffee, gemahlen	4 g	2 g
Kaffee, löslich	3 g	1 g
Kakaopulver	5 g	2 g
Kondensmilch	14 g	6 g
Mandeln, gemahlen	5 g	3 g
Margarine	10 g	4 g

Lebensmittel	EL	TL
Mehl (Type 405)	7 g	3 g
Paprikapulver	6 g	2 g
Puderzucker	4 g	3 g
Reis	10 g	5 g
Salatmayonnaise	10 g	5 g
Salz	13 g	5 g
Saure Sahne (10 % F.)	10 g	6 g
Sahne (30 % F.)	10 g	5 g
Schwarzer Tee	4 g	2 g
Semmelbrösel	6 g	3 g
Senf	10 g	3 g
Speiseöl	10 g	4 g
Speisestärke	7 g	3 g
Tomatenketchup	12 g	5 g
Tomatenmark	12 g	5 g
Zimtpulver	4 g	2 g
Zucker	10 g	5 g